BEI GRIN MACHT SICH IHR WISSEN BEZAHLT

AF136331

- Wir veröffentlichen Ihre Hausarbeit, Bachelor- und Masterarbeit

- Ihr eigenes eBook und Buch - weltweit in allen wichtigen Shops

- Verdienen Sie an jedem Verkauf

Jetzt bei www.GRIN.com hochladen und kostenlos publizieren

Bibliografische Information der Deutschen Nationalbibliothek:

Die Deutsche Bibliothek verzeichnet diese Publikation in der Deutschen National-
bibliografie; detaillierte bibliografische Daten sind im Internet über http://dnb.d-
nb.de/ abrufbar.

Impressum:

Copyright © 2019 GRIN Verlag
Druck und Bindung: Books on Demand GmbH, Norderstedt Germany
ISBN: 9783346143273

Dieses Buch bei GRIN:

https://www.grin.com/document/538605

Teresa Dinkel

Jugendliches Konsumverhalten. Die vestimentäre Kommunikation der Hipster

GRIN Verlag

Pädagogische Hochschule Heidelberg

Jugendliches Konsumverhalten – Die vestimentäre Kommunikation der Hipster

Inhaltsverzeichnis

1 Einleitung

Der Hipster ist *der* Prototyp der aktuellen Generation – der sogenannten „Generation Y". Er verkörpert heute wie keine andere Subkultur den herrschenden Zeitgeist. Natürlich gibt es nicht *den* einen Hipster in Real. Das Hipstertum bleibt ein Phänomen, der Hipster ein Stereotyp – muss es bleiben. Es liegt jedoch auf der Hand, und das gerade wegen seiner Stereotypie, dass in der heutigen Jugend großflächig Anleihen an diesen Stereotypen zu finden sind. Bei der/dem einen mehr bei der/dem anderen weniger. Bestimmte Ansichten und Verhaltensweisen dieses Typus ziehen sich durch die jugendliche Gesellschaft und prägen diese neue Generation von Heranwachsenden.

Da sich die Gesellschaft und ihre Ordnung und seit einigen Jahrzenten zunehmend auch die Marktwirtschaft interdependent zueinander verhalten, gehen einige dieser Ansichten und Verhaltensweisen natürlich zum Teil aus dieser Ordnung und dem gegenwärtigen Markt hervor. Gleichzeitig bestimmt diese Determination auch ihre eigene Zukunft und deren Dynamik. Es ist als Lehrperson daher wichtig, gerade hier bei den SuS ein Bewusstsein dafür zu schaffen, wie sie der Markt und die Gesellschaftsordnung bestimmt, damit sie verantwortungsvoll wiederum deren Entwicklung mitbestimmen können.

Gerade in Zeiten der Fast Fashion und einer herrschenden Wegwerfmentalität, scheint es ratsam, den Blick auf die eigenen Gewohnheiten und Ansichten zu lenken, um dann zu reflektieren, inwieweit man solche Phänomene als Verbraucher mitfördert oder ihnen entgegenwirkt.

Da diese Prozesse und Phänomene vor allem durch den Konsum bestimmt sind, gilt es als Lehrperson, das Konsumverhalten und die Haltung dahinter genau zu betrachten, um dann Ansatzpunkte für den Unterricht zu finden. Da weiterhin eine umfassende Erhebung dazu kaum möglich erscheint, ist es ratsam einen Blick auf eine gegenwärtige Jugendkultur zu werfen: den Hipster.

Ziel dieser Arbeit soll es also sein, unter dem Phänomen des Hipsters die gegenwärtige Jugendmentalität zu untersuchen und daraus Ableitungen für einen Unterricht zu entwickeln, der den Zweck verfolgt, bei den SuS ein offenes Bewusstsein für ihr Konsumverhalten zu schaffen und dieses kritisch zu reflektieren. Dabei geht es weniger darum, das Thema Hipster mit den SuS zu behandeln, sondern vor allem darum, sich als Lehrkraft mit Hilfe der Subkultur Hipster ein genaueres Bild von der heutigen Jugend zu machen, um dann zielführende Angebote für den Unterricht daraus ableiten zu können, ohne das Hipstertum explizit thematisieren zu müssen.

Dafür werden in dieser Arbeit zuerst einmal die Begrifflichkeiten Konsum und Bedürfnisbefriedigung zu klären sein. Sodann der Begriff Jugend. Nach dieser

Zusammenschau wird sich dem Hipster zugewandt – was er ist und was ihn ausmacht im Hinblick auf seine vestimentäre Kommunikation.

In einem weiteren Punkt werden dann die Phänomene Jugend und Hipster im Hinblick auf die SINUS-Lebenswelten zusammengedacht, um dann das Konsumverhalten des Hipsters besser verstehen zu können.

Schließlich wird eine Überlegung für eine mögliche Unterrichtsstunde, die sich aus den vorhergehenden Gedanken ergibt, die Arbeit fortführen. Zum Schluss wird sie durch ein Fazit beendet, in dem die gewonnen Erkenntnisse zusammengetragen werden.

2 Konsumverhalten in der heutigen Gesellschaft

Konsum stellt einen grundlegenden Begriff dieser Arbeit dar, deshalb soll zunächst näher auf die Bedeutung des Begriffs Konsum eingegangen werden. Ebenso werden die mit Konsum in unmittelbarem Zusammenhang stehenden Begriffe wie Konsumverhalten und Konsumgesellschaft näher erläutert.

2.1 Konsum – allgemeine Begriffsklärung

Einer Definition von Wiswede zu Folge wird Konsum als die „Verhaltensweisen, die auf Erlangung und privater Nutzung wirtschaftlicher Güter gerichtet sind" (Wiswede 1989, S. 359), verstanden. Genauer ist unter den von Wiswede angeführten Verhaltensweisen das sogenannte Konsumverhalten gemeint. Von diesem wird dann gesprochen, „wenn der Mensch [...] Güter und Dienstleistungen erwirbt und ge- bzw. verbraucht" (Hoffmann; Akbar 2016, S 3).

Der Mensch nimmt dabei die Rolle des Konsumenten ein. Hoffmann und Akbar heben hervor, dass die Rolle des Konsumenten als vielschichtiger zu betrachten ist als die des Käufers (vgl. Hoffmannn; Akbar 2016, S 3). Das Konsumverhalten umfasst ihnen zufolge nicht nur den Kaufakt, sondern schließt zum einen auch die Phase vor dem Kauf mit ein, bei dem beispielsweise das Interesse an dem Produkt in dem Konsumenten geweckt wird, und zum anderen auch die Phase nach dem Kauf, in der der Konsument beispielsweise das erworbene Konsumgut zur Schau stellt (ebd.).

Dass der Mensch diese Rolle als Konsument einnehmen kann, ermöglicht ihm die Zugehörigkeit zu einer Konsumgesellschaft bzw. Konsumkultur. Von einer Konsumgesellschaft spreche man, wenn die Menschen dieser Gesellschaft der

Möglichkeit des Konsums einen sehr hohen Stellenwert einräumen, so wie es in der westlichen Gesellschaft der Fall ist (Hoffmann; Akbar 2016, S. 28ff). Häufig wird der Begriff auch kritisch verwendet und wird umgangssprachlich gleichgesetzt mit Begriffen wie Wohlstandsgesellschaft, Überflussgesellschaft oder Wegwerfgesellschaft (ebd.). Zusammenfassend kann festgestellt werden, dass Konsum innerhalb der stark vom Konsum geprägten westlichen Gesellschaft über den ökonomischen Erwerb eines bestimmten Guts hinausgeht, so bezeichnet Lange Konsum als

> die Befriedigung von Bedürfnissen (Präferenzen, Ansprüche, Wünsche) anhand von Geldmittel (Einkünfte, Ersparnisse, Kredite) durch Güter oder Dienstleistungen (unterschiedlicher Formen, Qualitäten und Quantitäten), die bestimmte Kosten (in Form von zu zahlenden Preisen oder Gebühren) verursachen. Bedürfnisse und Geldmittel stehen auf der einen Nachfrageseite, Güter bzw. Dienstleistungen stehen mit ihren Preisen auf der Angebotsseite des Konsumgütermarkts. (Lange 2004, S. 114)

Lange greift innerhalb dieser Definition den Begriff der Bedürfnisse auf. Konsum kann demnach als eine Bedürfnisbefriedigung betrachtet werden. Wie sich diese Bedürfnisbefriedigung mit Hilfe des Konsums genau gestaltet, soll Inhalt des nachfolgenden Kapitels sein.

2.2 Konsum als Bedürfnisbefriedigung

Um den Zusammenhang von Konsum und Bedürfnisbefriedigung näher erläutern zu können, wird zunächst die Bedürfnispyramide von Maslow näher betrachtet, um anschließend zu untersuchen, inwieweit Konsum als Bedürfnisbefriedigung eine Rolle spielt.

Mit Bedürfnis kann „das Gefühl eines Mangels mit dem Wunsch, diesen zu beseitigen" (Pfannmöller 2018, S. 13f) definiert werden. Ausgehend davon entwickelte Maslow eine Bedürfnispyramide. Die Bedürfnispyramide von Maslow klassifiziert Bedürfnisse wie folgt: die erste Stufe umfasst physiologische Bedürfnisse. Damit sind Grundbedürfnisse wie Nahrung und Kleidung gemeint. Auf der zweiten Stufe stehen Sicherheitsbedürfnisse, die das Bedürfnis für das Sichern der Zukunft meinen. Die nächsthöhere Stufe bilden die sozialen Bedürfnisse, unter dem das Bedürfnis nach Zugehörigkeit zu einer Gemeinschaft zu verstehen ist. Anschließend folgt in einer weiteren Stufe das Individualbedürfnis, was das Bedürfnis nach Wertschätzung, also die Anerkennung von anderen, bedeutet. In der fünften und letzten Stufe steht das Selbstverwirklichungsbedürfnis (Hoffmann; Akbar (2016), S. 39). Hoffmann und Akbar legen dar, dass die Bedürfnispyramide funktioniert, indem die Bedürfnisse einer Stufe befriedigt sein müssen, um die nächsthöhere Stufe erreichen zu können (ebd.).

Überträgt man die Bedürfnisbefriedigung auf das Konsumverhalten heutzutage, ergibt sich, dass Konsum bedeutet, die letzten Bedürfniskategorien innerhalb der Bedürfnispyramide zu erstreben mit dem Ziel durch den Konsum etwa das eigene Selbstbild, sowie das Ansehen durch andere aufzuwerten (ebd.). Es lassen sich Lange zufolge drei verschiedene Konsummuster benennen, die dem Ziel verschiedener Bedürfnisbefriedigungen folgen:

das rationale Konsumverhalten, das demonstrative Konsumverhalten und das kompensatorische Konsumverhalten (Lange 2004, S.114ff). Ein Konsumverhalten kann als rational bezeichnet werden, „wenn es diejenigen Güter und Dienstleistungen nach Quantität und Qualität auswählt, die ökonomische Bedürfnisse optimal zu befriedigen versprechen, wobei die Geldmittel so eingesetzt werden, dass die Kosten minimiert werden" (Lange 2004, S. 114). Das bedeutet, dass durch ein rationales Konsumverhalten zunächst die ökonomischen Grundbedürfnisse wie beispielsweise das Bedürfnis nach Nahrung, befriedigt werden. Daneben gibt es ein Konsumverhalten, bei dem der unmittelbar ökonomische Nutzen mehr in den Hintergrund tritt: das demonstrative Konsumverhalten. Dabei handelt es ich um ein Konsumverhalten, „das in erster Linie das soziale Bedürfnis nach [...] sozialer Anerkennung zu befriedigen sucht" (ebd., S. 126). Das Bedeutet, dass mit Hilfe des Konsums die Aufwertung des eigenen Statuts erreicht werden soll. Kennzeichnend für das demonstrative Konsumverhalten ist darüber hinaus, dass der „Kauf und Konsum von neunen, modischen und exklusiven Gütern, die noch wenig verbreitet sind" (ebd., S. 127), im Fokus steht. Jedoch, führt Lange weiter aus, dass, sobald die Güter von weiteren Konsumenten ebenfalls konsumiert werden, gelten sie nicht mehr als erstrebenswert und bieten damit dem Konsument keine Möglichkeit mehr sein Bedürfnis .nach Ansehen zu befriedigen (ebd.). Das letzte von Lange genannte Konsumverhalten – das kompensatorische Konsumverhalten – zielt zunächst auf dieselbe Bedürfnisbefriedigung wie das demonstrative Konsumverhalten ab, nämlich das Selbstwertgefühl zu steigern. Allerdings unterscheidet sich das kompensatorische vom demonstrativen Konsumverhalten dadurch, dass die gekauften Güter nicht zur Schau gestellt werden, was dann auch nicht dazu führt, das Bedürfnis nach Ansehen zu befriedigen. Vielmehr versucht der Konsument durch das kompensatorische Konsumverhalten „Defizite [zu; TD] kompensieren [...], die aus dem Nicht-Lösen ganz anderer Probleme entstanden sind" (ebd., S. 132).

Der Übersicht willen und zur Abgrenzung wurden alle drei von Lange aufgeführten Konsummuster erläutert. Für diese Arbeit soll im Folgenden aber vor allem das demonstrative Konsumverhalten von Bedeutung sein, da Ferchhoff sowie auch

Hurrelmann die Ansicht vertreten, dass Jugendliche verstärkt nach diesem Muster konsumieren (Ferchhoff 2007; S. 328ff & Hurrelmannn 2016, S.162f). Wie sich das Konsumverhalten von Jugendlichen gestaltet, wird Inhalt des nachfolgenden Kapitels sein.

3 Konsumverhalten von Jugendlichen

Um die Jugendlichen in ihren Beweggründen und Motiven als Konsumenten besser verstehen zu können, soll zunächst der Frage nachgegangen werden, was die Jugendphase überhaupt ausmacht und welche besondere Bedeutung Mode im Jugendalter zukommt.

Als Jugend wird der „Lebensabschnitt zwischen dem Ende der Kindheit und dem Beginn des Erwachsenenstatuts" (Grob, Jaschinski 2003, S. 12) bezeichnet. Diese Phase sei geprägt durch körperliche, psychische und soziale Veränderungen (ebd.). Gerade die entwicklungspsychologische Betrachtungsweise mit dem zentralen Begriff der Identität spielt eine besondere Rolle, wenn es darum geht, „ein Erklärungsmuster für Handhabung von Mode und Körper im Jugendalter" (Mann 2002, S. 3) zu nennen. Die psychologisch bedingte Veränderung

> bezieht sich auf die die innere Seite, auf das subjektive Erleben desjenigen, der in die Pubertät eintritt und dem damit vieles an sich selbst und an seiner Umwelt anders erscheint als dem Kind, das er bis vor kurzem noch war. (Göppel 1998, S. 144)

In Erik Eriksons Entwicklungsstufenmodell, in dem es jeweils darum geht, bestimmte Entwicklungsaufgaben bzw. –krisen zu bewältigen, wird dieser zentrale Aspekt augenscheinlich. In Phase fünf seines Stufenmodells (mit Namen *Identität versus Rollenkonfusion*) ist der zentrale Konflikt, den die Pubertät auszeichnet, eben genau jene Zerrissenheit zwischen Kindheit und Erwachsenenalter. Die Zeit der Jugend wird damit zu einer Suche nach Identität, die die Kindidentität im Übergang zum Erwachsenalter hinter sich lässt und zu Gunsten einer der vielen Identitätsperspektiven eintauscht (vgl. Siegler, DeLoache, Eisenberg 2011, S. 343). Identitätsbildung spielt demnach in der Jugend eine wichtige Rolle. Darüber hinaus wirken sich auch die körperlichen Veränderungen der Jugendlichen auf deren psychische Entwicklung aus, denn bei den Jugendlichen setzt laut Mann eine neue Wahrnehmung des eigenen Körpers durch den Eintritt der Geschlechtsreife und dem schnellen Körperwachstum ein (vgl. Mann 2002, S. 5). Gleichzeitig rufen diese veränderten Wahrnehmungen „Unsicherheiten im Hinblick auf das Selbst" (ebd.) hervor. Weshalb Reaktionen der sozialen Umwelt für sie von großer

Bedeutung sind. Das wiederum ist Grund für sie, den Fokus auf ihre „Außenwirkung" zu legen, indem mit Hilfe „der Kleidermode und des Körpers [...] spezifische Inhalte der Weltaneignung und der damit verbundenen Normen und Werte nach außen" (ebd.) visualisiert werden.

Somit kommunizieren Jugendliche vestimentär mit Hilfe gegenwärtiger Jugendmode. Jugendmode wird durch Verschiedenes beeinflusst. U.a. beschreibt Mann den Einfluss der Distinktion und Nachahmung auf Jugendmode (vgl. ebd., S. 30f). Nachahmung geschieht dabei zunächst unter Gleichaltrigen. Teilweise findet dann mit einer gewissen zeitlichen Verzögerung eine weitere Nachahmung durch die Erwachsenen statt (ebd.). Mann führt weiterhin aus, dass durch Distinktion neue Moden eingeführt werden, indem u.a. ein neuer Zeitgeist eintritt oder kulturelle, politische und ökonomische Veränderungen stattfinden. Vor allen Dingen treibt die Wirtschaft diesen Vorgang aus ökonomischen Interessen heraus an (vgl., ebd.). Ein Grund für dieses ökonomische Interesse spielt die enorme Kaufkraft, über die Jugendliche heutzutage verfügen. Die Wirtschaft macht sich zu Nutzen, dass, wie Ferchhoff beschreibt, die Jugendlichen meist von Seiten der Eltern zunehmend mehr finanzielle Mittel zur Verfügung gestellt bekommen, die sie unverzüglich und so gut wie ausschließlich für ihre Konsumansprüche ausgeben (Ferchhoff 2007, S. 327). Möglich ist dieser stete Konsum aufgrund der Fast Fashion, die die Mode-Ketten wöchentlich bereitstellen. Das diese Fast Fashion-Artikel zu meist sehr günstigen Preisen angeboten werden können, geht im Endeffekt vor allem auf die Kosten der Umwelt und der Beschäftigten in der Herstellung (bpb 2018, S. 2). Inwieweit diese Fakten das Konsumverhalten von Jugendlichen beeinflussen, soll unter anderem Inhalt des nachfolgenden Kapitels sein.

3.1 Jugendkultur Hipster – Erkennungsmerkmale

Es soll nun die gegenwärtige Jugendkultur Hipster näher betrachtet werden in Bezug auf deren Konsumverhalten im Bereich Mode.

Bezüglich seines Alters lässt sich der Hipster Ikrath zufolge im Bereich zwischen den älteren Jugendlichen und jungen Erwachsenen einordnen, was in etwa auf die Altersspanne der 16- bis 30-Jährigen zutrifft (vgl. ebd., S. 8). Eine weitere Besonderheit ist, dass der Hipster hauptsächlich als Mann vorgestellt wird. Ikrath geht allerdings davon aus, dass dem Hipstertum ebenso viele weibliche wie männliche Mitglieder angehören – nur habe sich noch keine weibliche Begriffsform etabliert (ebd.).

Unter dem Begriff Hipster lassen sich somit heutzutage im Allgemeinen die „jungen, stilbewussten, modischen, individualistischen Angehörigen der akademischen Mittelschicht" (Ikrath 2015, S. 19) zuordnen. Es lassen sich noch weitere Merkmale feststellen, die den Hipstern zugeschrieben werden und auf die im Laufe dieser Arbeit teilweise noch näher eingegangen wird. Diese sind: die Verachtung des Mainstream, wenig bis kein politisches Interesse, die Konsumorientierung, das Streben nach Individualität und eine gewisse ironische Haltung, die dem Hipster in verschiedenen Bereichen anhaftet (vgl. Ikrath 2015, S. 19; 41).

In dieser Arbeit liegt der Fokus auf dem *gegenwärtigen* Phänomen Hipster. Der Begriff des Hipsters trat jedoch schon einmal in der Vergangenheit auf. In Europa bzw. in Deutschland fehlt uns die Bezugnahme zum vergangenen Hipster allerdings gänzlich, was damit zusammenhängt, dass der Begriff Hipster in den 1950er-Jahren vor allem in den USA gebräuchlich war, so Ikrath (vgl., ebd., S. 46). Damals orientierte sich der Hipster an der unterdrückten afroamerikanischen Gesellschaft und fühlte sich ebenso als gesellschaftlicher Außenseiter. Ikrath sieht hierin eine Parallel zum zeitgenössischen Hipster insofern, dass sich Hipster heute zwar nicht mit einer Gruppe von gesellschaftlichen Außenseitern im Speziellen identifizieren, aber dennoch deren ästhetische Erscheinungen zuträglich sind (ebd., S. 45; 57). Ikrath zeigt auf, dass es mit den Anfängen der gegenwärtigen Hipster-Bewegung Übereinstimmungen hinsichtlich der Mode mit einer in den USA lebenden Gruppe gegeben hat – der Gruppe „White Trash" (vgl. ebd., S. 57), was im Deutschen so viel wie „Weißer Abschaum" bedeutet. Zu den Mitgliedern besagter Gruppe zählt „die reaktionäre weiße ländliche Unterschicht, die als abgehängt, ständig betrunken, in Wohnwagensiedlungen im Mittleren Westen hausend, vorgestellt wird" (ebd.). Äußerlich tragen Ikrath zufolge die Mitglieder des White Trash Vollbärte, karierte Holzfällerhemden, ärmellose Unterhemden, Trucker-Caps und Tatoos (vgl. ebd.). Ikrath betont auch, dass es zu Beginn des gegenwärtigen Phänomens des Hipsters allerdings ausschließlich zu einer modischen Übernahme des Kleidungsstils der White Trash Gruppe kam (ebd.); eine direkte Bezugnahme von Seiten der Hipster zu Einstellungen und Lebensstil der White Trash Gruppe fehlt gänzlich. Der Hipster positioniert sich sogar genau in entgegengesetzter Richtung. Ikrath schreibt dieses Phänomen mitunter dem Vermögen des Hipsters zu, als Ironiker aufzutreten (vgl. ebd., S. 58f).

Neben den bereits genannten äußeren Erscheinungsbildern wie karierte Holzfällerhemden und ärmellose Unterhemden lässt sich der zeitgenössische Hipster noch weitergehend anhand seines modischen Auftretens erkennen.

Auch wenn er sich laut Ikrath betont lässig kleidet, ist es dem Hipster von großer Bedeutung, wie er sich der Öffentlichkeit präsentiert (ebd., S. 9). Zu den

Kleidungsstücken, die mit dem Hipstertum in Verbindung gebracht werden, zählen u.a. T-Shirts mit ironischem Aufdruck und eng am Körper anliegende Jeans – die sogenannten Skinny-Jeans. Der Skinny-Jeans-Trend hält Weis zufolge weiterhin an, da die Skinny-Jeans ein Kleidungsstück ist, das den Körper optimal ausstellt und dem dünnen bzw. mageren Schönheitsideal der gegenwärtigen Zeit damit Möglichkeit zum Ausdruck gibt (Weis 2012, S. 188ff). Darüber hinaus gilt der Jutebeutel anstelle einer üblichen Tasche oder eines Rucksacks als ein typisches Accessoire eines Hipsters (ebd.).

Nachdem nun ein Überblick mit Fokus auf dem äußeren Erscheinungsbild des Hipsters gegeben wurde, soll im nächsten Kapitel die gesellschaftliche Einordung der Hipster in die Sinus-Lebenswelten folgen.

3.2 Einordnung der Hipster in die Sinus-Lebenswelten von Jugendlichen

Die Sinus-Jugendstudie gibt darüber Auskunft, welche jugendlichen Lebenswelten es heute in Deutschland gibt und wie sich der Alltag der Jugendlichen in diesen verschiedenen Welten gestaltet. Befragt wurde die Altersgruppe der 14- bis 17-Jährigen. Auf der Basis derer Vorstellungen, Lebenseinstellungen und Lebensweisen konnten sieben Gruppen unterschieden werden: Konservativ-Bürgerliche, Adaptiv-Pragmatische, Sozialökologische, Prekäre, Materialistische Hedonisten, Experimentalistische Hedonisten und Expeditive.

Es wird im Folgenden darauf verzichtet, alle Sinus- Lebenswelten näher zu betrachten, da der Fokus nur auf die relevanten Lebenswelten gerichtet bleiben soll, die für die Jugendkultur Hipster von Bedeutung sind.
Bei genauerer Betrachtung der Sinus-Lebenswelten haben sich zwei Lebenswelten hervorgetan, in welche sich die Hipster mit ihren Einstellungen einordnen lassen. Zum einen sind es die Lebenswelten der Expeditiven und zum anderen die der Experimentalistischen Hedonisten. Diese beiden Gruppen und ihre Lebenswelten werden hier näher betrachtet.

Jessen nennt die Expeditiven als eine der Lebenswelten, in der sich die Hipster verorten lassen (Jessen 2015, S. 2). Den Expeditiven lässt sich ein hohes Bildungsniveau zuschreiben, sowie eine postmoderne Grundorientierung (vgl. Calmbach 2016, S. 33). Oftmals sehen sich die Expeditiven selbst als „urbane, kosmopolitische Hipster" (ebd., S.

153). Das bedeutet für sie, dass „Vielheit und Differenz" von hohem Stellenwert für sie sind. So distanzieren sie sich ausdrücklich vom Mainstream – vielmehr sind sie am Unkonventionellen interessiert (ebd. S. 153f). Auszeichnend für die Expeditiven als Konsumenten ist, dass sie zwar durchaus in Läden wie H&M und Zara einkaufen – vorzugsweise für Basics – allerdings gilt es, „Stangenware möglichst zu vermeiden" (ebd., S. 154). Um sich dabei möglichst von anderen abzugrenzen und gleichzeitig dem Streben nach Individualität gerecht zu werden, kaufen sie vorzugsweise in kleinen Designerstores, auf Flohmärkten, in Second-Hand-Läden und stöbern in den eingemotteten Kleidungsstücken der Eltern (Jessen 2015, S. 2). Daraus ergibt sich ein Mix aus verschiedenen Stilen, der wiederum für den Kleidungstil der Expeditiven auszeichnend ist (Jessen 2015 S. 2; Calmbach 2016, S. 155). Es gilt den eigenen Kleidungstil auf eine kreative Weise zu kreieren und dennoch die neusten Modetrends miteinfließen zu lassen, von denen sie sich vorzugsweise auf Modeblogs im Internet inspirieren lassen (Jessen 2015, S. 2).

Die Hipster lassen sich einer weiteren jugendlichen Lebenswelt zuordnen: den Experimentalistischen Hedonisten. Ebenso wie die Expeditiven lassen sich die Experimentalistischen Hedonisten innerhalb des SINUS-Modells der Lebenswelten im postmodernen Bereich einordnen. Sie befinden sich eher im mittleren Bildungsniveau. Dennoch gibt es Überschneidungen mit der Lebenswelt der Expeditiven im etwas höher angesetzten Bildungsniveau.

Spaß und Selbstverwirklichung nennt Jessen als Begrifflichkeiten, die auf die Jugendlichen der Experiemntalistsichen Hedonisten zutreffen (Jessen 2015, S. 3). Darüber hinaus sind Spontanität, Kreativität und Individualität kennzeichnende Eigenschaften der Experimentalistischen Hedonisten (ebd.; Calmbach 2016, S. 113). Sie haben eine Abneigung gegenüber „typischen bürgerlichen Werten wie Bodenständigkeit [und: TD] Bescheidenheit" (Calmbach 2016, S. 114). Um sich aus der vermeintlichen bürgerlichen Langeweile bzw. Spießigkeit zu befreien, grenzen sie sich vom Mainstream ab. Sie sind auch in diesem Punkt den Expeditiven ähnlich, gehen in ihrer Ablehnung des Mainstreams aber rigoroser vor – ihr Verhalten ist durchaus rebellisch zu nennen (vgl. ebd., S. 117). Genauso wie die Expeditiven drücken sich die Experimentalistsichen Hedonisten modisch aus, indem sie zeigen, sie wollen anders sein. Daher gilt es ebenso, Stangenware zu vermeiden. Denn „auf einen individuellen Style legen Experiemntalistische Hedonisten generell großen Wert – nach dem Motto ‚I don't want it if anyone can have it already'" (ebd., S. 15). Auch innerhalb dieser Lebenswelt ist den Jugendlichen auffällige Kleidung wichtig, die sie in Designershops, gängigen Modeketten,

Flohmärkten und häufig auch in kleinen unbekannten Läden von Jung-Designern erwerben, erklärt Jessen (vgl. Jessen 2015, S. 3).

3.3 Wahrnehmung des Hipsters in der Gesellschaft

Der Begriff Hipster ist heutzutage eher negativ konnotiert. Er bezeichnet den Stereotyp eines Menschen, der sich der heutigen Gesellschaftsordnung unterwirft, indem er gegen sie aufbegehrt. Diese antagonistische und paradoxe Schizophrenie bietet die nötige Angriffsfläche seiner Kritiker: gönnerhaftes Mitleid aufgrund des tragischen Schicksals oder Sündenbockrhetorik. Jener Duktus, der den Hipster als Sündenbock deklariert, sieht nur mehr eine Verkörperung der Anpassung par excellence in ihm und mithin aller aktuellen gesellschaftlich bedingten Probleme, so auch Ikrath (vgl. Ikrath 2015, S. 42). Die Problematik, der sich der Hipster heutzutage gegenübergestellt sieht, ist, dass sich die Marktwirtschaft chamäleonhaft immer wieder neu den Individuationsprozessen und - tendenzen der Jugend anpasst und damit jeglichen Distinktionsversuchen von vornherein im Wege steht – „je mehr er versucht, sich der Masse zu entziehen, desto mehr ist er ‚into it'" (Greif 2012, S. 137). Somit ist jegliche Distinktionsbemühung der heutigen Jugend dazu verdammt, immer schon dem Mainstream anzugehören oder von diesem einverleibt zu werden;

> Hipster wird somit heute zu einer Bezeichnung für Personen, die über die quasi übernatürliche Inselbegabung verfügen, die winzigen Verschiebungen, die innerhalb der Konsumgesellschaft noch Distinktion erlauben, zu erkennen und aufzugreifen. (ebd., S. 31)

Sein Schicksal muss daher zwangsweise das des angepassten Individualisten sein – immer auf der Flucht vor diesem unentrinnbaren Schicksal, sind sie gezwungen, sich immer wieder neu zu erfinden, neu zu konsumieren und damit den Konsumkreislauf weiter zu bedienen, Greif vergleicht dies mit dem Wettlauf zwischen Hase und Igel (ebd., S. 138). Diese vertrackte Situation zieht also ein bestimmtes Konsumverhalten sowie Einstellungen zum Konsum nach sich, die im Folgenden genauer betrachtet werden sollen.

3.4 Einstellung der Hipster zum Konsum

Wie in den vorherigen Kapiteln bereits aufgezeigt, leben Hipster in einer stark konsumgeprägten Gesellschaft. Es soll daher innerhalb dieses Kapitels der Frage nachgegangen werden, welche Einstellung Hipster zum Konsum haben.

Die Frage ob Hipster konsumieren, lässt sich eindeutig mit ja beantworten. Sie gehen dabei über rationale Konsumentscheidungen hinaus und zeigen eindeutig ein demonstratives Konsumverhalten. Greif zeigt auf, dass es sich um eine Konsumenten-Bewegung handelt, die viel Geld zur Verfügung hat, was ihnen den ausgiebigen Konsum überhaupt erst ermöglicht (Greif 2012, S. 53). Die Besonderheit im Konsumverhalten des Hipsters besteht in der ablehnenden Haltung gegenüber dem Mainstream. Interessant ist diese Einstellung deshalb, weil der Hipster „sich [...] zwar innerhalb der Grenzen des Massenkommerzes bewegt, [...] aber dennoch nach Distinktion und Exklusivität [sucht]" (ebd., S. 30). Hipster versuchen damit also, ihre Eigenständigkeit vor der Massenkultur zu wahren, was sich als durchaus schwierig gestaltet. Denn so ist einerseits die Modeindustrie dank der Fast Fashion immerzu in der Lage, Trends in kürzester Zeit aufzugreifen und in die Läden zu bringen; zum anderen werden die aktuellen Modetrends schnell über Modeblogs in der digitalen Welt verbreitet. Um sich also ihre modische Andersartigkeit bewahren zu können, wird bevorzugt Mode konsumiert, die der breiten Masse weitestgehend unbekannt ist (Ikrath 2013, S.6). Hierin liegt auch das Distinktionsverhalten des Hipsters, indem „jeder versucht sich mit trivialen Mitteln von anderen Menschen abzugrenzen" (Greif 2012, S. 58). Greif benennt den Hipster demzufolge auch als einen „hippen Konsumenten" oder als „rebellischen Verbraucher" (ebd., S. 30).

4 Umsetzung in der Schule

Die didaktischen Überlegungen zum Thema Modekonsum sollen in einer Unterrichtsstunde (45 Minuten) in einer 9. Klasse im Fach Alltagskultur, Ernährung und Soziales (AES) stattfinden.

4.1 Verlauf der Unterrichtsstunde

Wie in der Einleitung bereits dargelegt wurde, kann der Hipster als Prototyp heutiger Jugendlicher gesehen werden, dessen Konsumverhalten sich damit auch durch den jener Jugendlicher zieht, die nicht explizit als Hipster ausgewiesen sind. Dennoch weisen diese großenteils dasselbe Konsumverhalten auf. Dieses gilt es in der Unterrichtsstunde also zu thematisieren, ohne dass das Phänomen des Hipsters genauer beleuchtet werden müsste.

Stundenziel soll daher sein, dass die SuS über ihre eigenen Positionen zu den Themen Mode und Konsum reflektieren können und sich mit ihren eigenen Bedürfnissen auseinandersetzen. Dies geschieht, indem die SuS ihre Bedürfnisse (u.a. gewonnen aus der Kleiderschrankanalyse) mit der Bedürfnispyramide von Maslow abgleichen.

Voraussetzung für den Einstieg in die geplante Unterrichtsstunde ist die Erledigung einer Hausaufgabe von Seiten der SuS. Die Hausaufgabe soll sein, dass die SuS eine Kleiderschrankanalyse vornehmen. Bei der Kleiderschrankanalyse soll beispielsweise gezählt werden, wie viele T-Shirts, wie viele Pullover, wie viele Hosen usw. die SuS besitzen. Die SuS notieren dabei ihre Ergebnisse anonym und geben sie zu Beginn der nachfolgenden Stunde an die Lehrperson weiter.

Als Einstieg in die Stunde soll eine anonyme Auswertung der Ergebnisse von Seiten der Lehrperson stattfinden, indem diese die Zahlen in eine vorgefertigte Tabelle am Tageslichtprojektor, Tafel oder Whiteboard einträgt. Da die Lehrperson dafür ein wenig Zeit benötigt, sollen die SuS parallel die Methode Think-Pair-Share anwenden, um sich zunächst in Einzelarbeit selbst kurz darüber Gedanken zu machen, ob sie von dem Ergebnis ihrer Kleiderschrankanalyse erstaunt sind oder das Ergebnis den Erwartungen entsprach. Danach tauschen sich die SuS mit ihrem Sitznachbar darüber aus und zuletzt im Plenum. Wenn die SuS sich im Plenum mitteilen, kann gleichzeitig die Auswertung der Kleiderschrankanalyse angezeigt werden, sodass auf diese in der Diskussion ebenfalls Bezug genommen werden kann.

Ziel der Kleiderschrankanalyse ist es, die SuS mit ihrem eigenem Konsumverhalten im Bereich Mode zu konfrontieren. Wichtig ist dabei, dass die SuS die Möglichkeit haben, dabei anonym zu bleiben, da die Jugendlichen im Einzelnen möglicherweise sehr viel mehr Kleidungsstücke als andere besitzen oder andersherum manche Jugendliche nur sehr wenig besitzen, weil sie eventuell nur über wenig finanzielle Mittel verfügen.

Anschließend beantworten die SuS stichwortartig Karten mit der Frage: „Was brauche ich zum Leben?" Die Ergebnisse der SuS werden an der Tafel oder auf einem großen Tisch gesammelt. Gemeinsam sortieren die SuS die Karten nach Dingen, die lebensnotwendig sind und Dingen, die sozusagen ‚schön zu haben' sind. Anschließend sollen die Antworten nach einer Reihenfolge aufgestellt werden, beginnend mit dem, was am wichtigsten ist, bis hin zu Dingen, auf die man ehesten verzichten kann. Anschließen soll die Bedürfnispyramide von Maslow eingeführt werden (eventuell als Folie auf dem Tageslichtprojektor und als AB für die SuS). Es sollte herausgestellt werden, dass es sich um ein Modell handelt, das Bedürfnisse veranschaulicht. Die SuS vergleichen ihre Ergebnisse mit dem Modell und versuchen, ihre Bedürfnisse den einzelnen Schichten des Modells zuzuordnen.

Ziel ist es, dass die SuS sich mit ihren Bedürfnissen auseinandersetzen und deren Reihenfolge mit Hilfe der Bedürfnispyramide von Maslow reflektieren.

4.2 Begründung des Lerngegenstands

Eine Kernkompetenz des Fachs Alltagskultur, Ernährung und Soziales sowie fächerübergreifende Leitperspektive bildet u.a. die Verbraucherbildung. Als zentrales Anliegen der Verbraucherbildung wird die Förderung der Konsumkompetenz der SuS genannt (vgl. Bildungsplan 2016, Sekundarstufe I, AES, S. 4). Die Inhalte der geplanten Unterrichtsstunde sind unter dem Aspekt dieser Kernkompetenz bzw. Leitperspektive einzuordnen, denn die Unterrichtsstunde soll zur Unterstützung der Konsumrefelxion der SuS beitragen und die SuS damit in ihrer Rolle als Konsumenten bewusst machen.

Wie in dieser Arbeit schon zuvor aufgezeigt wurde, verfügen die Jugendlichen heutzutage schon sehr früh über eine enorme Kaufkraft, deshalb kommt dem Unterrichtsthema eine große Alltagsrelevanz zu. Gleichzeitig ist damit für die SuS ein Lebensweltbezug gegeben, da sie mit ihrer Rolle als Konsument konfrontiert werden. Trotzdem soll den Jugendlichen nicht ihr eigenes Konsumverhalten vorgeworfen werden; sie sollen vielmehr Denkanstöße erhalten. Mit den geplanten Inhalten des Unterrichts sollen die SuS einerseits zur Reflexion über den eigenen Stellenwert von Mode und Konsum angehalten werden und andererseits sich mit ihren Bedürfnissen auseinandersetzen, diese unterscheiden und in ihrer Relevanz einordnen zu können.

Eine Auseinandersetzung mit dem Thema Modekonsum ist für SuS deshalb so wichtig, damit sie darin gestärkt werden, ein verantwortungsbewusstes Verhalten als VerbraucherInnen zu entwickeln und reflektiert Konsumentscheidungen treffen zu können.

4.3 Einordnung in den Bildungsplan und REVIS

Der Bildungsplan von 2016 umfasst die gesamte Sekundarstufe I und löste die Einzelpläne für Hauptschule, Werkrealschule und Realschule ab. Die Kompetenzen sind hier nach unterschiedlichen Niveaus gegliedert, die zu unterschiedlichen Schulabschlüssen führen. Der geplante Unterricht stützt sich auf die Kompetenzformulierungen des M-Niveaus, welches den Realschulabschluss zum Ziel hat. Mit dem Thema Modekonsum können folgende inhaltsbezogenen Kompetenzen erweitert und gefestigt werden:

„das eigene Konsumverhalten beschreiben und Konsumentscheidungen erklären (spontane, habituelle, limitierte und extensive") (Bildungsplan 2016, Sekundarstufe I, AES, S. 30)

„Bedürfnisse identifizieren und verschiedene Wege der Bedarfsdeckung erläutern" (Bildungsplan 2016, Sekundarstufe I, AES, S. 30)

„Einflussfaktoren (u.a. Moden und Trends, Medien) auf das Konsumverhalten charakterisieren und darstellen" (Bildungsplan 2016, Sekundarstufe I, AES, S. 30)

Das Forschungsprojekt REVIS (Reform der Ernährungs- und Verbraucherbildung in allgemein bildenden Schulen) umfasst sowohl Bildungsziele als auch die dazugehörigen Kompetenzen. Für die praktische Umsetzung sind nachfolgende Bildungsziele von Bedeutung:

Die Schüler und Schülerinnen treffen Konsumentscheidungen reflektiert und selbstbestimmt. (Bildungsziele und Kompetenzen REVIS 2005, S. 2)

Die Schüler und Schülerinnen treffen Konsumentscheidungen qualitätsorientiert. (Bildungsziele und Kompetenzen REVIS 2005, S. 2)

5 Fazit

Es wurde in der Arbeit herausgesellt, welche besondere Rolle der Konsum von Mode gerade in der gegenwärtigen Jugendbewegung der Hipster und damit stellvertretend allen Heranwachsenden spielt. Zeitspezifische Marktauswüchse wie die Fast Fashion und damit einhergehend eine unreflektierte Wegwerfmentalität zwingen die Schulen und allem voran das Fach AES zur Verbraucherbildung. Als LehrerIn, der/die eine Klasse vor sich hat, die dahingehend unterrichtet werden soll, muss man also wissen, wie eine solche Klasse aus Jugendlichen als Verbraucher auftritt, damit der zu planende Unterricht, der sich an der Verbraucherbildung abarbeiten möchte, an passenden Stellen Ankerpunkte finden kann, die der Lebenswelt der SuS nahe sind, um die Schülerorientierung zu gewährleisten.

Diesem Spagat die Lebenswelt der SuS anhand des Phänomens Hipster zu untersuchen und daraus Ableitungen für den schulischen Unterricht zu finden, ging diese Arbeit nach. Mit dem Ergebnis, dass die Analyse der Subkultur der Hipster fruchtbare Antworten auf die Frage liefern konnte, wie die Jugend heute konsumiert und wie darauf einzugehen wäre. Dafür war ein zentrales Anliegen der Arbeit, herauszufinden, wie Hipster im Speziellen mit Konsum umgehen. Es wurde dabei herausgefunden, dass der Hipster einerseits ein sehr ambivalentes Verhältnis zum Konsum besitzt. Andererseits durch sein Wunsch nach Distinktion immer wieder der Fast Fashion erliegt, um dem Mainstream zu entkommen. Dies führt dann, wie gezeigt wurde, zu deren Dilemma, den Markt und dessen Absorption weiter zu bedienen, dem sie eigentlich entgehen wollen.

Diese Fluchtbewegung und damit einhergehend das Dilemma die Fast Fashion und die Wegwerfmentalität weiter zu befeuern, was eigentlich gar nicht die Absicht ist, sondern im Gegenteil – diese Fluchtbewegung gilt es, bewusst zu machen. Und also muss es Ziel einer jeden Verbraucherbildung sein, die SuS auf ihr eigenes Konsumverhalten zurückzuwerfen und dieses genauer analysieren zu lassen. Dies wurde anhand eines exemplarischen Unterrichts durchgespielt, in dem das eigene Konsumverhalten an der Bedürfnispyramide von Maslow abgeglichen werden konnte, damit jenes Bewusstsein entstehen kann: das Bewusstsein nämlich dafür, mit der eigenen Flucht bzw. mit der abwehrenden Haltung gegenüber den Marktstrukturen diese nur weiter zu treiben. Dies muss ein erster Schritt in der Verbraucherbildung sein, diese Spirale zu durchbrechen.

Ob der vorgestellte Unterricht dies tatsächlich zu leisten vermag ist wohl für eine Stunde von 45 Minuten zu hoch gegriffen. Doch kann darin ein erster Schritt für eine Themeneinheit zur Verbraucherbildung unternommen werden. Inwieweit sich dies bezahlt macht, könnte Teil einer anschließenden Feldforschung sein und kann in dieser Arbeit nicht mehr beantwortet werden.

Alles in allem bieten m.E. die Ergebnisse aus der Analyse der Konsumgewohnheiten und Einstellungen zur Mode von Hipstern einen fruchtbaren Boden, auf dem sich weitere Ideen zur Umsetzung von Verbraucherbildung entwickeln lassen. Und dies scheint mir eine wichtige Erkenntnis auf dem Weg zu einem besseren Verständnis der SuS und deren Konsumgewohnheiten.

Literaturverzeichnis

Bundeszentrale für politische Bildung (bpb) (2018): was geht? Begleitheft für Pädagogen zum Thema Modekonsum.

Calmbach, Marc u.a. (2016): Wie ticken Jugendliche 2016? Lebenswelten von Jugendlichen im Alter von 14 bis 17 Jahren. SINUS-Jugendstudie u18. Wiesbaden: Springer Verlag

Ferchhoff, Wilfried (2007): Jugend und Jugendkulturen im 21. Jahrhundert. Lebensformen und Lebensstile. Wiesbaden: Springer

Greif, Mark (Hrsg.) (2012): Hipster. Eine transatlantische Diskussion. Berlin: Suhrkamp Verlag

Grob, Alexander; Jaschinski, Uta (2003): Erwachsen werden. Entwicklungspsychologie des Jugendalters. Weinheim, Basel, Berlin: Beltz Verlag

Hoffmann, Stefan; Akbar, Payman (2016): Konsumverhalten. Konsumenten verstehen. Wiesbaden: Springer Verlag

Hurrelmann, Klaus; Quenzel, Gudrun (2016): Lebensphase Jugend. Eine Einführung in die sozialwissenschaftliche Jugendforschung. Weinheim: Beltz Juveta

Ikrath, Pillipp (2013): Jugendkulturen im Fokus. Hipster – Versuch einer Begriffsbestimmung. Online in: https://www.jugendkultur.at/wp-content/uploads/Dossier_Hipster_Ikrath_2013.pdf [gesehen am 14.03.2019]

Ikrath, Phillipp (2015): Die Hipster. Trendsetter und Neo-Spießer. Wien: Promedia Verlag

Jessen, Wiebke (2015): Jugendmode vor dem Hintergrund jugendlicher Lebenswelten. In: bpb: Bundeszentrale für politische Bildung (Hrsg.): Aus Politik und Zeitgeschichte (APUZ 1-3/2015). Mode

Lange, Elmar (2004): Jugendkonsum im 21. Jahrhundert. eine Untersuchung der Einkommens-, Konsum- und Verschuldungsmuster der Jugendlichen in Deutschland. Wiesbaden: VS Verlag

Mann, Karin (2007): Jugendmode und Jugendkörper. Die Modeseite der Zeitschrift Bravo im Spiegel vestimentärer Ikonografie und Ikonologie. Hohengehren: Schneider Verlag

Ministerium für Kultus, Jugend und Sport Baden-Württemberg (2016): Gemeinsamer Bildungsplan der Sekundarstufe I. Alltagskultur, Ernährung, Soziales (AES).

Pfannmöller, Jürgen (2018): Kreative Volkswirtschaftslehre. Eine handlungs- und praxisorientierte Einführung in die Volkswirtschaftslehre. Köln: Springer Gabler

Reform für Ernährung und Verbraucherbildung in Schulen (REVIS). Online in: http://www.evb-online.de/docs/kompetenzraster-vertikal-endfassung.pdf [gesehen am 8.05.19]

Siegler, Robert; DeLoache, Judy; Eisenberg, Nancy (2011): Entwicklungspsychologie im Kindes- und Jugendalter. Heidelberg: Spektrum Akademischer Verlag

Wiswede, Günther (1998): Soziologie. Grundlagen und Perspektiven für den wirtschafts- und sozialwissenschaftlichen Bereich. Landsberg am Lech: Verlag Moderne Industrie

Weis, Diana (Hrsg.) (2012): Cool Aussehen. Mode & Jugendkulturen. Berlin: archiv

BEI GRIN MACHT SICH IHR WISSEN BEZAHLT

- Wir veröffentlichen Ihre Hausarbeit, Bachelor- und Masterarbeit

- Ihr eigenes eBook und Buch - weltweit in allen wichtigen Shops

- Verdienen Sie an jedem Verkauf

Jetzt bei www.GRIN.com hochladen und kostenlos publizieren